NÃO DEIXEIS QUE VOS ROUBEM A ESPERANÇA

Coleção **Catequese do Papa**

- *Abramo-nos à luz do Senhor,* papa Francisco
- *Alegria de evangelizar (A),* papa Francisco
- *Apóstolos e os primeiros discípulos de Cristo (Os) nas origens da Igreja,* papa Bento XVI
- *Doutores da Igreja (Os),* papa Bento XVI
- *Família gera o mundo (A): as catequeses de quarta-feira,* papa Francisco
- *Jesus em oração,* papa Bento XVI
- *Jesus sempre nos espera,* papa Francisco
- *Não deixeis que vos roubem a esperança,* papa Francisco
- *Padres da Igreja (Os),* papa Bento XVI
- *Paulo: os seus colaboradores e as suas comunidades,* papa Bento XVI
- *Papa Francisco aos jovens. Pronunciamentos da Jornada de Cracóvia,* papa Francisco
- *Percorramos os caminhos da paz,* papa Francisco
- *Profissão de fé (A): catequeses sobre o credo, Papa Bento XVI,* Papa Francisco

As palavras de Papa Francisco

NÃO DEIXEIS QUE VOS ROUBEM A ESPERANÇA

PAULUS

Título original: *Non lasciatevi rubare la speranza*
© Libreria Editrice Vaticana – 2013
00120 Cidade do Vaticano
ISBN 978-88-209-8994-1

Tradução: *Pe. José Bortolini*

Direção editorial: *Claudiano Avelino dos Santos*
Revisão: *Cícera G. S. Martins*
　　　　 Tiago José Risi Leme
Diagramação: *Ana Lúcia Perfoncio*
Capa: *Marcelo Campanhã*
Impressão e acabamento: PAULUS

 Seja um leitor preferencial **PAULUS**.
Cadastre-se e receba informações
sobre nossos lançamentos e nossas promoções:
paulus.com.br/cadastro
Televendas: **(11) 3789-4000 / 0800 16 40 11**

1ª edição, 2013
2ª reimpressão, 2018

© PAULUS – 2013

Rua Francisco Cruz, 229 • 04117-091 São Paulo (Brasil)
Tel. (11) 5087-3700 • Fax (11) 5579-3627
paulus.com.br • editorial@paulus.com.br

ISBN 978-85-349-3728-3

A SEMANA SANTA, TEMPO DE GRAÇA DO SENHOR

Irmãos e irmãs, bom dia!

Sinto-me feliz em acolher-vos nesta minha primeira Audiência geral. Com grande reconhecimento e veneração, retomo o "testemunho" das mãos do meu amado predecessor Bento XVI. Após a Páscoa, retomaremos as catequeses do *Ano da fé*. Hoje, desejo deter-me um pouco na Semana Santa. Com o Domingo de Ramos iniciamos esta Semana – centro de todo o Ano Litúrgico –, na qual acompanhamos Jesus na sua Paixão, Morte e Ressurreição.

Mas o que pode significar para nós viver a Semana Santa? O que significa seguir a Jesus no seu caminho para o Calvário, rumo a Cruz e Ressurreição? Na sua missão terrena, Jesus percorreu as estradas da Terra Santa; chamou doze pessoas simples para que permanecessem com Ele, partilhassem o seu caminho e continuassem a sua missão; escolheu-as dentre o povo cheio de fé nas promessas de Deus. Falou a todos, sem distinção, aos grandes e aos humildes, ao jovem rico e à viúva pobre, aos poderosos e aos fracos; trouxe a misericórdia e o perdão de Deus; curou, consolou, compreendeu; deu esperança; trouxe a todos a presença de Deus que se interessa por cada homem e cada mulher, como faz um bom pai e uma boa mãe para com cada um de seus filhos.

Deus não esperou que fôssemos a Ele, mas é Ele que se moveu em nossa direção, sem cálculos, sem medidas. Deus é assim: Ele dá sempre o primeiro passo, Ele se move em nossa direção. Jesus viveu as realidades cotidianas das pessoas mais comuns: comoveu-se diante da multidão que parecia um rebanho sem pastor; chorou diante do sofrimento de Marta e Maria pela morte do irmão Lázaro; chamou um publicano como seu discípulo; sofreu também a traição de um amigo. Nele, Deus nos deu a certeza de que está conosco, no meio de nós. "As raposas – disse Jesus – têm suas tocas, e os pássaros do céu, seus ninhos, mas o Filho do homem não tem onde reclinar a cabeça" (Mt 8,20). Jesus não tem casa porque sua casa é o povo, somos nós, sua missão é abrir a todos as portas de Deus, ser a presença de amor de Deus.

Na Semana Santa, vivemos o ápice desse caminho, desse desígnio de amor que percorre toda a história dos relacionamentos entre Deus e a humanidade. Jesus entra em Jerusalém para realizar o último passo, no qual condensa toda a sua existência: doa-se totalmente, não retém nada para si, nem mesmo a vida. Na Última Ceia, com seus amigos, reparte o pão e distribui o cálice "por nós". O Filho de Deus se oferece a nós, entrega em nossas mãos o seu Corpo e o seu Sangue para estar sempre conosco, para habitar no meio de nós. E no Horto das Oliveiras, como no processo diante de Pilatos, não opõe resistência, doa-se; é o Servo sofredor preanunciado por Isaías que despoja a si mesmo até a morte (cf. Is 53,12).

Jesus não vive esse amor que leva ao sacrifício de forma passiva ou como destino fatal; com certeza não esconde sua profunda perturbação humana diante da morte violenta, mas se entrega com plena confiança ao Pai. Jesus se entregou voluntariamente à morte para corresponder ao amor de Deus Pai, em perfeita união com a sua vontade, para demonstrar seu amor por nós. Na cruz, Jesus "me amou e se entregou por mim" (Gl 2,20). Cada um de nós pode dizer: amou-me e entregou-se por mim. Cada um pode dizer esse "por mim".

O que tudo isso significa para nós? Significa que essa também é a minha, a tua, a nossa estrada. Viver a Semana Santa seguindo Jesus não só com a comoção do coração; viver a Semana Santa seguindo Jesus significa aprender a sair de nós mesmos – como eu dizia domingo passado – para ir ao encontro dos outros, para ir em direção das periferias da existência, mover-nos, nós por primeiro, em direção aos nossos irmãos e nossas irmãs, sobretudo os mais distantes, aqueles que são esquecidos, aqueles que têm mais necessidade de compreensão, de consolação, de ajuda. Há tanta necessidade de levar a presença viva de Jesus misericordioso e rico de amor!

Viver a Semana Santa é entrar sempre mais na lógica de Deus, na lógica da Cruz, que não é primeiramente a da dor da morte, mas a do amor, do dom de si que traz vida. É entrar na lógica do Evangelho. Seguir, acompanhar Cristo, permanecer com Ele exige um "sair". Sair de si mesmos, de um modo de viver a fé cansado e rotineiro, da tentação de enclausurar-se nos próprios esquemas que acabam fechando o horizonte da ação criativa de Deus. Deus saiu de si mesmo para estar no meio de nós, armou a sua tenda entre nós para trazer-nos a sua misericórdia que salva e dá esperança. Também nós, se quisermos segui-lo e permanecer com Ele, não devemos contentar-nos em permanecer no recinto das noventa e nove ovelhas; precisamos "sair", procurar com Ele a ovelha desgarrada, a mais distante. Recordai bem: sair de nós, como Jesus, como Deus saiu de si mesmo em Jesus, e Jesus saiu de si mesmo por todos nós.

Alguém poderia dizer-me: "Mas, padre, não tenho tempo", "tenho muitas coisas a fazer", "é difícil", "o que posso fazer eu com minhas poucas forças, também com o meu pecado, com tantas coisas?". Frequentemente nos contentamos com alguma oração, uma Missa dominical distraída e não constante, com algum gesto de caridade, porém não temos aquela coragem de "sair" para levar Cristo. Somos um pouco como são Pedro. Tão logo Jesus fala de Paixão, Morte e Ressurreição, de dom de si, de amor para com todos, o Apóstolo o toma à parte e o recrimina. Aquilo que Jesus diz transtorna seus planos, parece inaceitável, põe em dificuldade as seguranças que havia construído para si, sua ideia de Messias. E Jesus olha os discípulos e dirige a Pedro talvez uma das palavras mais duras dos Evangelhos: "Passa para trás de mim, Satanás! Pois tu não pensas segundo Deus, mas segundo os homens" (Mc 8,33). Deus pensa sempre com misericórdia: não vos esqueçais disso. Deus pensa sempre com misericórdia: é o Pai misericordioso! Deus pensa como o pai que espera a volta do filho e vai ao seu encontro, o vê chegando quando ainda está longe... O que significa isso? Que todos os dias ia ver se o filho voltava para casa: esse é o nosso Pai misericordioso. É o sinal de que o esperava de coração no terraço da sua casa. Deus pensa como o samaritano que não passa perto do ferido com comiseração ou olhando para outro lado, mas socorrendo-o sem pedir nada em troca; sem perguntar se era judeu, se era pagão, se era samaritano, se era rico, se era pobre: não pergunta nada. Não pergunta essas coisas, não pede nada. Vai em seu socorro: assim é Deus. Deus pensa como o pastor que dá a sua vida para defender e salvar as ovelhas.

A Semana Santa é tempo de graça que o Senhor nos dá para *abrir as portas* do nosso coração, da nossa vida, das nossas paróquias – que pena tantas paróquias fechadas! – dos movimentos, das associações, e "sair" ao encontro dos outros, fazer-nos próximos para levar a luz e a alegria da nossa fé. Sair sempre! E isso com amor e com a ternura de Deus, no respeito e na paciência, sabendo que nós pomos nossas mãos, nossos pés, nosso coração, mas no fim é Deus que os guia e torna fecunda qualquer ação nossa.

Desejo a todos que vivam bem estes dias seguindo o Senhor com coragem, carregando em nós mesmos um raio do seu amor a todos que encontramos.

Audiência geral, 27 de março de 2013, Praça São Pedro

INSTRUMENTOS
DA GRAÇA DE CRISTO

Caros irmãos e irmãs, bom dia, e boa Páscoa a todos vós!

Agradeço-vos por terdes vindo também hoje numerosos, para partilhar a alegria da Páscoa, mistério central da nossa fé. Que a força da ressurreição de Cristo possa alcançar qualquer pessoa – especialmente quem sofre – e todas as situações mais necessitadas de confiança e de esperança.

Cristo venceu o mal de forma plena e definitiva, mas cabe a nós, aos homens de todos os tempos, acolher essa vitória na nossa vida e nas realidades concretas da história e da sociedade. Por isso, parece-me importante sublinhar aquilo que hoje pedimos a Deus na liturgia: "Ó Pai, que fazeis crescer a vossa Igreja dando-lhe sempre novos filhos, concedei aos vossos fiéis expressar na vida o sacramento que receberam na fé" (Oração *Coleta da Segunda-feira da Oitava da Páscoa*).

É verdade, o Batismo que nos torna filhos de Deus, a Eucaristia que nos une a Cristo, devem tornar-se vida, isto é, traduzir-se em atitudes, comportamentos, gestos, opções. A graça contida nos Sacramentos pascais é potencial de renovação enorme para a existência pessoal, para a vida das famílias, para as relações sociais. Mas tudo passa através do coração humano: se eu me deixo alcançar pela graça de Cristo ressuscitado, se lhe permito mudar-me naquele meu aspecto que não é bom, que pode prejudicar-me e prejudicar os outros, eu permito que a vitória de Cristo se afirme na minha vida, alargando sua ação benéfica. Esse é o poder da graça! Sem a graça, nada podemos. Sem a graça, não podemos nada! E com a graça do Batismo e da Comunhão eucarística, posso tornar-me instrumento da misericórdia de Deus, daquela bela misericórdia de Deus.

Expressar na vida o sacramento que recebemos: eis, caros irmãos e irmãs, o nosso compromisso cotidiano, mas diria também a nossa alegria cotidiana! A alegria de sentir-se instrumento da graça de Cristo, como sarmentos da videira que é Ele próprio, animados pela seiva de seu Espírito!

Rezemos juntos, no nome do Senhor morto e ressuscitado, e por intercessão de Maria Santíssima, para que o Mistério pascal possa agir profundamente em nós e neste nosso tempo, a fim de que o ódio dê lugar ao amor; a mentira, à verdade; a vingança, ao perdão; a tristeza, à alegria.

Regina coeli, Segunda-feira do Anjo,
1º de abril de 2013, Praça São Pedro

AS MULHERES, PRIMEIRAS TESTEMUNHAS DA RESSURREIÇÃO

Caros irmãos e irmãs, bom dia!

Hoje retomamos as Catequeses do *Ano da fé*. No *Creio*, repetimos esta expressão: "Ressuscitou ao terceiro dia, segundo as Escrituras". É exatamente o evento que estamos celebrando: a Ressurreição de Jesus, centro da mensagem cristã, que ecoou desde os inícios e foi transmitido para que chegue até nós. São Paulo escreve aos cristãos de Corinto: "A vós... transmiti, em primeiro lugar, aquilo que também eu recebi; isto é, que Cristo morreu pelos nossos pecados, segundo as Escrituras, e foi sepultado e ressuscitou no terceiro dia, segundo as Escrituras, e apareceu a Cefas e a seguir aos Doze" (1Cor 15,3-5). Essa breve confissão de fé anuncia justamente o Mistério Pascal, com as primeiras aparições do Ressuscitado a Pedro e aos Doze: *a Morte e a Ressurreição de Jesus são justamente o coração da nossa esperança.* Sem essa fé na Morte e Ressurreição de Jesus, nossa esperança será frágil, mas não será sequer esperança, e justamente a Morte e a Ressurreição de Jesus são o coração da nossa esperança. O Apóstolo afirma: "Se Cristo não ressuscitou, vã é a vossa fé e vós ainda estais nos vossos pecados" (v. 17). Infelizmente, frequentemente procurou-se obscurecer a fé na Ressurreição de Jesus, e também entre os próprios crentes se insinuaram dúvidas. Um pouco aquela fé "água de rosas", como dizemos nós; não é a fé forte. E isso por superficialidade, às vezes, por desconfiança, ocupados com mil coisas consideradas mais importantes que a fé, ou então por uma visão somente horizontal da vida. Mas é justamente a Ressurreição que nos abre à esperança maior, porque abre a nossa vida e a vida do mundo ao futuro eterno de Deus, à felicidade plena, à certeza de que o mal, o pecado, a morte podem ser vencidos. E isso leva a viver com maior confiança as realidades cotidianas, enfrentando-as com coragem e com empenho. A Ressurreição de Cristo ilumina com luz nova essas realidades cotidianas. A Ressurreição de Cristo é a nossa força!

Mas como nos foi transmitida a verdade de fé da Ressurreição de Cristo? No Novo Testamento, há dois tipos de testemunhos: alguns se encontram na forma de profissão de fé, isto é, de fórmulas sintéticas que indicam o centro da fé; outros, pelo contrário, se encontram na forma de narrativa do evento da Ressurreição e dos fatos a ele associados. O primeiro: a forma da profissão de fé, por exemplo, é aquela que acabamos de ouvir, ou aquela da Carta aos Romanos, onde são Paulo escreve: "Se com a tua boca proclamares: 'Jesus é o Senhor!' e com o teu coração acreditares que Deus o ressuscitou dos mortos, serás salvo" (10,9). Desde os primeiros passos da Igreja, a fé no Mistério de Morte e Ressurreição de Jesus é bem firme e clara. Porém, hoje, gostaria de deter-me na segunda, sobre os testemunhos na forma de narrativa, que encontramos nos Evangelhos. Em primeiro lugar, notemos que as primeiras testemunhas desse evento foram as mulheres. Ao amanhecer, elas se dirigem ao sepulcro para ungir o corpo de Jesus, e encontram o primeiro sinal: o túmulo vazio (cf. Mc 16,1). Vem a seguir o encontro com um Mensageiro de Deus que anuncia: Jesus de Nazaré, o Crucificado, não está aqui, ressuscitou (cf. vv. 5-6). As mulheres são impelidas pelo amor e sabem acolher esse anúncio com fé: creem, e logo o transmitem, não o retêm para si, transmitem-no. A alegria de saber que Jesus está vivo e a esperança que enche o coração não podem ser contidas. Isso deveria acontecer em nossa vida. Sintamos a alegria de ser cristãos! Nós cremos num Ressuscitado que venceu o mal e a morte! Tenhamos a coragem de "sair" para levar essa alegria e essa luz a todos os lugares da nossa vida! A Ressurreição de Cristo é a nossa maior certeza, é o tesouro mais precioso! Como não partilhar com os outros esse tesouro, essa certeza? Não é somente para nós, é para transmiti-la, para dá-la aos outros, partilhá-la com os outros. É justamente o nosso testemunho.

Outro elemento. Nas profissões de fé do Novo Testamento, como testemunhas da Ressurreição são recordados somente homens, os Apóstolos, mas não as mulheres. Isso porque, de acordo com a Lei judaica daquele tempo, as mulheres e as crianças não podiam dar testemunho confiável, crível. Nos Evangelhos, pelo contrário, as mulheres têm papel primário, fundamental. Aqui podemos captar um elemento a favor da historicidade da Ressurreição: se fosse um fato inventado, no contexto daquele tempo não teria sido associado ao testemunho das mulheres. Os evangelistas, pelo contrário, narram simplesmente aquilo que aconteceu: as primeiras testemunhas são as mulheres. Isso diz que Deus não escolhe segundo os critérios humanos: as primeiras testemunhas do nascimento de Jesus são os pastores, gente simples e humilde; as primeiras testemunhas da Ressurreição são as mulheres. E isso é belo. E isso é um pouco a missão das mulheres: das mamães, das mulheres! Dar testemunho aos filhos, aos netos, que Jesus está vivo, é o vivente, ressuscitou. Mamães e mulheres, avante com esse testemunho! Para Deus conta o coração, o quanto estamos abertos a Ele, se somos como as crianças que se fiam. Mas isso nos faz refletir também sobre como as mulheres, na Igreja e no caminho de fé, tiveram e têm também hoje um papel especial em abrir as portas para o Senhor, em segui-lo e comunicar o seu rosto, pois o olhar de fé tem sempre necessidade do olhar simples e profundo do amor. Os Apóstolos e os discípulos têm mais dificuldades para crer. As mulheres não. Pedro corre ao túmulo, mas se detém no túmulo vazio; Tomé deve tocar com suas mãos as feridas do corpo de Jesus. Também em nosso caminho de fé é importante saber e sentir que Deus nos ama, não ter medo de amá-lo: a fé é professada com a boca e o coração, com a palavra e com o amor.

Após as aparições às mulheres, seguem-se outras: Jesus se torna presente de modo novo: é o Crucificado, mas o seu corpo é glorioso; não voltou à vida terrena, e sim numa condição nova. No início, não o reconhecem, e somente mediante as suas palavras e os seus gestos os olhos se abrem: o encontro com o Ressuscitado transforma, dá nova força à fé, um fundamento inabalável. Também para nós há tantos sinais nos quais o Ressuscitado se dá a reconhecer: a Sagrada Escritura, a Eucaristia, os demais Sacramentos, a caridade, aqueles gestos de amor que trazem um raio do Ressuscitado. Deixemo-nos iluminar pela Ressurreição de Cristo, deixemo-nos transformar pela sua força, para que também por meio de nós no mundo os sinais de morte deem lugar aos sinais de vida. Vi que há muitos jovens na praça. Ei-los! A vós digo: levai adiante esta certeza: o Senhor está vivo e caminha ao nosso lado na vida. Essa é a vossa missão! Levai adiante essa esperança. Estai ancorados a essa esperança: essa âncora que está no céu; segurai com força a corda, estai ancorados e levai adiante a esperança. Vós, testemunhas de Jesus, levai adiante o testemunho de que Jesus está vivo e isso nos dará esperança, dará esperança a este mundo um tanto envelhecido pelas guerras, pelo mal, pelo pecado. Avante, jovens!

Audiência geral, 3 de abril de 2013, Praça São Pedro

CRISTO, MISERICÓRDIA ENCARNADA

Caros irmãos e irmãs, bom dia!

Neste domingo que encerra a Oitava da Páscoa, renovo a todos o augúrio pascal com as mesmas palavras de Jesus Ressuscitado: *"Paz a vós!"* (Jo 20,19.21.26). Não é uma saudação, e sequer simples augúrio: é um dom, mais ainda, *o* dom precioso que Cristo oferece a seus discípulos após ter passado pela morte e pela região dos mortos. Ele dá a paz, como havia prometido: "Deixo-vos a paz, dou-vos a minha paz. Não como a dá o mundo, eu a dou a vós" (Jo 14,27). Essa paz é fruto da vitória do amor de Deus sobre o mal, é o fruto do perdão. E é exatamente assim: a verdadeira paz, a paz profunda, procede do fazer experiência da misericórdia de Deus. Hoje é o Domingo da Divina Misericórdia, por vontade do beato João Paulo II, que fechou os olhos para este mundo exatamente na vigília desse acontecimento.

O Evangelho de João nos informa que Jesus apareceu duas vezes aos Apóstolos fechados no cenáculo: a primeira, no mesmo entardecer do dia da Ressurreição, e, naquela ocasião, Tomé não estava presente, ele que disse: "Se eu não vir e não tocar, não acreditarei". A segunda vez, oito dias depois, Tomé também estava presente. E Jesus se dirigiu justamente a ele, convidou-o a olhar as feridas, a tocá-las, e Tomé exclamou: "Meu Senhor e meu Deus!" (Jo 20,28). Jesus então disse: "Porque me viste, acreditaste; bem-aventurados aqueles que não viram e acreditaram!" (v. 29). E quem eram aqueles que acreditaram sem ver? Outros discípulos, outros homens e mulheres de Jerusalém que, embora não tendo encontrado Jesus ressuscitado, acreditaram a partir do testemunho dos Apóstolos e das mulheres. Essa é uma palavra muito importante sobre a fé, podemos chamá-la *a bem-aventurança da fé*. Bem-aventurados aqueles que não viram e acreditaram: essa é a bem-aventurança da fé!

Em qualquer tempo e qualquer lugar são bem-aventurados aqueles que, mediante a Palavra de Deus, proclamada na Igreja e testemunhada pelos cristãos, creem que Jesus Cristo é o amor de Deus encarnado, a Misericórdia encarnada. E isso vale para cada um de nós!

Aos Apóstolos Jesus doou, juntamente com a sua paz, o Espírito Santo, para que pudessem difundir no mundo o perdão dos pecados, aquele perdão que somente Deus pode dar, e que custou o Sangue do Filho (cf. Jo 20,21-23). A Igreja é mandada por Cristo ressuscitado a transmitir aos homens a remissão dos pecados, e assim fazer crescer o Reino do amor, semear a paz nos corações, para que se afirme também nas relações, na sociedade, nas instituições. O Espírito de Cristo Ressuscitado expulsa o medo do coração dos Apóstolos e os impele a sair do cenáculo para levar o Evangelho. Tenhamos também nós a coragem de testemunhar a fé no Cristo Ressuscitado! Não devemos ter medo de ser cristãos e de viver como cristãos! Nós devemos ter essa coragem de ir e anunciar Cristo Ressuscitado, porque Ele é a nossa paz, Ele fez a paz, com seu amor, com seu perdão, com seu sangue, com sua misericórdia.

Caros amigos, nesta tarde celebrarei a Eucaristia na Basílica de São João do Latrão, que é a Catedral do Bispo de Roma. Rezemos juntos a Maria, para que nos ajude, Bispo e Povo, a caminhar na fé e na caridade, sempre confiantes na misericórdia do Senhor: Ele sempre nos espera, nos ama, nos perdoou com seu sangue e nos perdoa toda vez que vamos a Ele pedir o perdão. Tenhamos confiança na sua misericórdia!

Regina coeli,
II Domingo da Páscoa ou da Divina Misericórdia,
7 de abril de 2013, Praça São Pedro

CRISTO RESSUSCITADO: A ESPERANÇA QUE NÃO DECEPCIONA

Caros irmãos e irmãs, bom dia!

Na Catequese anterior, nos detivemos no evento da Ressurreição de Jesus, no qual as mulheres tiveram papel especial. Hoje, pretendo refletir sobre seu alcance salvífico. O que significa a Ressurreição para a nossa vida? E por que sem ela a nossa fé é vã? Nossa fé se fundamenta na Morte e Ressurreição de Cristo, exatamente como uma casa se apoia sobre os alicerces: se estes cedem, a casa toda desmorona. Na cruz, Jesus ofereceu-se a si mesmo, tomando sobre si os nossos pecados e descendo ao abismo da morte, e, na Ressurreição, os vence, os tira e nos abre o caminho a fim de renascermos para vida nova. São Pedro o expressa sinteticamente no início da sua Primeira Carta, como ouvimos: "Bendito seja Deus e Pai do Senhor nosso Jesus Cristo, que na sua grande misericórdia nos regenerou, mediante a Ressurreição de Jesus Cristo dentre os mortos, para uma esperança viva, para uma herança que não se corrompe, não se mancha e não se deteriora" (1,3-4).

O Apóstolo nos diz que, com a Ressurreição de Jesus, aconteceu algo absolutamente novo: somos libertados da escravidão do pecado e nos tornamos filhos de Deus, isto é, somos gerados para vida nova. Quando isso se realiza para nós? No Sacramento do

Batismo. Antigamente, ele era recebido normalmente por imersão. Aquele que devia ser batizado descia à piscina do Batistério, deixando suas roupas, e o Bispo ou o Presbítero por três vezes lhe derramava água sobre a cabeça, batizando-o em nome do Pai, do Filho e do Espírito Santo. Em seguida, o batizado subia da água e vestia a nova roupa, a veste branca: havia nascido para vida nova, imergindo na Morte e Ressurreição de Cristo. Ele se tornara filho de Deus. Na Carta aos Romanos, são Paulo escreve: vós "recebestes o Espírito que torna filhos adotivos, por meio do qual clamamos: 'Abbá! Pai!'" (Rm 8,15). É justamente o Espírito que recebemos no Batismo que nos ensina, nos impele a dizer a Deus: "Pai", ou melhor, "Abbá", que significa "papai". Assim é o nosso Deus: é um papai para nós. O Espírito Santo realiza em nós essa nova condição de filhos de Deus. E esse é o maior dom que recebemos do Mistério pascal de Jesus. E Deus nos trata como filhos, nos compreende, nos perdoa, nos abraça, nos ama também quando erramos. Já no Antigo Testamento, o profeta Isaías afirmava que, mesmo se uma mãe se esquecesse do filho, Deus jamais se esquece de nós, em nenhum momento (cf. 49,15). E isso é belo!

Todavia, essa relação filial com Deus não é como um tesouro que conservamos num canto da nossa vida, mas deve crescer, deve ser alimentada cada dia com a escuta da Palavra de Deus, a oração, a participação nos Sacramentos, especialmente da Penitência e da Eucaristia, e a caridade. Nós podemos viver como filhos! E essa é a nossa dignidade – nós temos a dignidade de filhos. Comportar-nos como autênticos filhos! Isso significa que devemos cada dia deixar que Cristo nos transforme e nos torne como Ele; significa procurar viver como cristãos, procurar segui-lo, mesmo se vemos os nossos limites e as nossas fraquezas. A tentação de deixar Deus de lado para colocar a nós mesmos no centro está sempre às portas, e a experiência do pecado fere nossa vida cristã, nosso ser filhos de Deus. Por isso, devemos ter a coragem da fé e não deixar-nos conduzir pela mentalidade que nos diz: "Deus não serve, não é importante para ti", e assim por diante. É justamente o contrário: somente comportando-nos como filhos de Deus, sem nos desencorajar por causa das nossas quedas, por causa dos nossos pecados, sentindo-nos amados por Ele, a nossa vida será nova, animada pela serenidade e pela alegria. Deus é a nossa força! Deus é a nossa esperança!

Caros irmãos e irmãs, nós por primeiro devemos ter bem firme essa esperança e devemos ser dela um sinal visível, claro, luminoso para todos. O Senhor Ressuscitado é esperança que não se acaba, que não decepciona (Rm 5,5). A esperança não decepciona. Aquela do Senhor! Quantas vezes em nossa vida as esperanças esvanecem, quantas vezes as expectativas que trazemos no coração não se realizam! Nossa esperança de cristãos é forte, segura, sólida nesta terra, onde Deus nos chamou a caminhar, e está aberta à eternidade, porque está alicerçada em Deus, que é sempre fiel. Deus sempre é fiel conosco. Ser ressuscitados com Cristo mediante o Batismo, com o dom da fé, para uma herança que não se corrompe, nos leva a procurar de modo maior as coisas de Deus, a pensar mais nele, a rezar mais. Ser cristãos não se reduz a seguir ordens, mas significa ser em Cristo, pensar como Ele, agir como Ele, amar como Ele; é deixar que

Ele tome posse da nossa vida e a mude, a transforme, a liberte das trevas do mal e do pecado.

Caros irmãos e irmãs, a quem nos pede razão da esperança que existe em nós (cf. 1Pd 3,15), indiquemos o Cristo Ressuscitado. Vamos indicá-lo com o anúncio da Palavra, mas sobretudo com nossa vida de ressuscitados. Mostremos a alegria de ser filhos de Deus, a liberdade que o viver em Cristo nos proporciona, que é a verdadeira liberdade, aquela que nos salva da escravidão do mal, do pecado, da morte! Olhemos para a Pátria celeste, teremos nova luz e força também no nosso empenho e nas nossas fadigas cotidianas. É um serviço precioso que devemos dar a este nosso mundo, que muitas vezes não consegue mais erguer o olhar para o alto, não consegue mais elevar o olhar para Deus.

Audiência geral, 10 de abril de 2013, Praça São Pedro

SINTAMOS A PRESENÇA VIVA E CONFORTANTE DE JESUS RESSUSCITADO

Caros irmãos e irmãs, bom dia!

Desejo deter-me brevemente na página dos Atos dos Apóstolos que se lê na liturgia deste Terceiro Domingo da Páscoa. Esse texto narra que a primeira pregação dos Apóstolos em Jerusalém encheu a cidade com a notícia de que Jesus havia realmente ressuscitado, segundo as Escrituras, e era o Messias anunciado pelos Profetas. Os sumos sacerdotes e os chefes da cidade procuraram destroncar, no seu nascedouro, a comunidade dos crentes em Cristo e fizeram prender os Apóstolos, ordenando-lhes não mais ensinar em seu nome. Porém, Pedro e os outros Onze responderam: "É preciso obedecer a Deus antes que aos homens. O Deus dos nossos pais ressuscitou Jesus... o elevou à sua direita como chefe e salvador... E destes acontecimentos somos testemunhas nós e o Espírito Santo" (At 5,29-32). Então mandaram flagelar os Apóstolos e lhes ordenaram novamente não falar mais no nome de Jesus. E a Escritura diz que eles partiram "contentes por terem sido julgados dignos de sofrer ultrajes por causa do nome de Jesus" (v. 41).

Eu me pergunto: Onde os primeiros discípulos encontravam a força para esse seu testemunho? Não só: De onde lhe vinham a alegria e a coragem do anúncio, apesar dos obstáculos e das violências? Não esqueçamos que os Apóstolos eram pessoas simples, não eram escribas, doutores da lei, nem pertencentes à classe sacerdotal. Como puderam, com seus limites e hostilizados pelas autoridades, encher Jerusalém com seu ensinamento? (Cf. At 5,28). É claro que somente a presença do Senhor Ressuscitado junto deles e a ação do Espírito Santo podem explicar esse fato. O Senhor que estava com eles e o Espírito que os impulsionava à pregação explicam esse fato extraordinário. A fé deles se baseava numa experiência tão forte e pessoal de Cristo morto e ressuscitado, que não tinham medo de nada e de ninguém, e até viam as perseguições como motivo de honra, que lhes permitiam seguir as pegadas de Jesus e assemelhar-se a Ele, testemunhando com a vida.

Essa história da primeira comunidade cristã nos diz uma coisa muito importante, que vale para a Igreja de todos os tempos, também para nós: quando uma pessoa conhece verdadeiramente Jesus Cristo e nele acredita, experimenta sua presença na vida e a força da sua Ressurreição, e não pode deixar de comunicar essa experiência. E se essa pessoa encontra incompreensões ou adversidades, comporta-se como Jesus na sua paixão: responde com o amor e com a força da verdade.

Rezando juntos a *Regina coeli*, peçamos a ajuda de Maria Santíssima para que a Igreja em todo o mundo anuncie com franqueza e coragem a Ressurreição do Senhor e dê válido testemunho dela com sinais de amor fraterno. O amor fraterno é o testemunho mais próximo que nós podemos dar de que Jesus está conosco vivo, que Jesus ressuscitou. Rezemos de modo especial pelos cristãos que sofrem perseguição; neste tempo há muitos cristãos que sofrem perseguição, muitos, muitos, em muitos países: vamos rezar por eles, com amor, com nosso coração. Sintam a presença viva e confortante do Senhor Ressuscitado.

*Regina coeli, III Domingo da Páscoa,
14 de abril de 2013, Praça São Pedro*

SUBIU AO CÉU, ESTÁ SENTADO À DIREITA DO PAI

Caros irmãos e irmãs, bom dia!

No *Creio*, encontramos a afirmação de que Jesus "subiu ao céu, está sentado à direita do Pai". A vida terrena de Jesus chega ao ápice com o evento da Ascensão, isto é, quando Ele passa deste mundo ao Pai e é elevado à sua direita. Qual é o significado desse acontecimento? Quais são suas consequências para a nossa vida? O que significa contemplar Jesus sentado à direita do Pai? A esse respeito, deixemo-nos guiar pelo evangelista Lucas.

Vamos partir do momento em que Jesus decide empreender sua última peregrinação a Jerusalém. São Lucas anota: "Quando estavam para se cumprir os dias em que seria elevado para o alto, ele tomou a firme decisão de pôr-se a caminho de Jerusalém" (Lc 9,51). Enquanto "ascende" à Cidade santa, onde se cumprirá o seu "êxodo" desta vida, Jesus já vê a meta, o Céu, mas sabe bem que o caminho que o conduz à glória do Pai passa pela Cruz, mediante a obediência ao desígnio divino do amor pela humanidade. O *Catecismo da Igreja Católica* afirma que "a elevação sobre a cruz significa e anuncia a elevação da ascensão ao céu" (n. 661). Também nós devemos ter claro, na nossa vida cristã, que entrar na glória de Deus exige a fidelidade cotidiana à sua vontade, também quando requer sacrifício, requer às vezes mudar os nossos programas. A Ascensão de Jesus se deu concretamente no monte das Oliveiras, perto do lugar para onde se retirara em oração antes da paixão a fim de permanecer em profunda união com o Pai: uma vez mais vemos que a oração nos dá a graça de viver fiéis ao projeto de Deus.

No fim do seu Evangelho, são Lucas narra o evento da Ascensão de forma muito sintética. Jesus conduziu os discípulos para "fora, em direção a Betânia e, elevadas as mãos, abençoou-os. Enquanto os abençoava, separou-se deles e era levado para o alto, no céu. E eles se prostraram diante dele; em seguida regressaram a Jerusalém com grande alegria e estavam sempre no Templo louvando a Deus" (24,50-53), assim diz são Lucas. Desejo salientar dois elementos da narrativa. Em primeiro lugar, durante a Ascensão Jesus realiza o gesto sacerdotal da bênção, e os discípulos com certeza expressam sua fé com a prostração, ajoelham-se curvando a cabeça. Este é o primeiro ponto importante: Jesus é o único e eterno Sacerdote que com a sua paixão atravessou a morte e o sepulcro e ressuscitou e subiu ao Céu; está junto de Deus Pai, onde intercede para sempre em nosso favor (cf. Hb 9,24). Como afirma são João na sua Primeira Carta, ele é o nosso advogado: como é bom ouvir isso! Quando alguém é convocado pelo juiz ou é intimado, a primeira coisa que faz é procurar um advogado para que o defenda. Nós temos um que nos defende sempre, nos defende das insídias do diabo, nos defende de nós mesmos, dos nossos pecados! Caríssimos irmãos e irmãs, temos este advogado: não tenhamos medo de ir a Ele para pedir perdão, para pedir bênção, para pedir misericórdia! Ele nos perdoa sempre, é o nosso advogado: nos defende sempre! Não esqueçais isso! A Ascensão de Jesus ao Céu nos faz conhecer então esta realidade tão consoladora para a nossa caminhada: em Cristo, verdadeiro Deus e verdadeiro homem, a nossa humanidade foi levada junto de Deus; Ele nos abriu a passagem; Ele é como o cabeça da corda quando se escala uma montanha, que chegou ao topo e nos atrai assim, conduzindo-nos a Deus. Se confiarmos a Ele a nossa vida, se nos deixarmos guiar por Ele, estaremos certos de nos encontrarmos em mãos seguras, nas mãos do nosso salvador, do nosso advogado.

Segundo elemento: são Lucas narra que os Apóstolos, após terem visto Jesus subir ao céu, voltaram a Jerusalém "com grande alegria". Isso nos parece um tanto estranho. De modo geral, quando somos separados dos nossos familiares, dos nossos amigos, por uma partida definitiva e sobretudo por causa da morte, há em nós uma tristeza natural, porque não veremos mais o seu rosto, não ouviremos mais a sua voz, não poderemos mais desfrutar do seu afeto, da sua presença. Ao contrário, o evangelista sublinha a profunda alegria dos Apóstolos. Como isso é possível? Justamente porque, com o olhar da fé, eles compreendem que, embora subtraído aos olhos deles, Jesus permanece para sempre com eles, não os abandona, na glória do Pai, os sustenta, os guia e intercede por eles.

São Lucas narra o fato da Ascensão também no início dos Atos dos Apóstolos para sublinhar que esse evento é como o anel que engancha e une a vida terrena de Jesus à vida da Igreja. Aqui são Lucas acena também à nuvem que subtrai Jesus da vista dos discípulos, os quais continuam contemplando Cristo que sobe para Deus (cf. At 1,9-10). Intervêm então dois homens vestidos de branco que os convidam a não ficarem imóveis olhando para o céu, mas a nutrir a vida deles e o testemunho deles com a certeza de que Jesus voltará do mesmo modo com o qual o viram subir ao céu (cf. At 1,10-11). É justamente o convite a partir da contemplação do Senhorio de Cristo, para ter dele a força de levar e testemunhar o Evangelho na vida de cada dia: contemplar e agir, *ora et labora,* ensina são Bento, são ambos necessários na nossa vida de cristãos.

Caros irmãos e irmãs, a Ascensão não indica a ausência de Jesus, mas nos diz que Ele está vivo no meio de nós de modo novo; não se encontra mais em determinado lugar do mundo como estava antes da Ascensão; agora está próximo de cada um de nós. Na nossa vida jamais estamos sozinhos: temos esse advogado que nos atende, que nos defende. Nunca estamos sozinhos: o Senhor crucificado e ressuscitado nos guia; conosco há muitos irmãos e irmãs que no silêncio e no escondimento, na sua vida de família e de trabalho, nos seus problemas e dificuldades, nas suas alegrias e esperanças, vivem diariamente a fé e levam juntamente conosco, ao mundo, o senhorio do amor de Deus, em Cristo Jesus ressuscitado, elevado ao Céu, advogado por nós. Obrigado.

Audiência geral, 17 de abril de 2013, Praça São Pedro

EU E O PAI SOMOS UMA SÓ COISA

Caros irmãos e irmãs, bom dia!
O Quarto Domingo do Tempo Pascal se caracteriza pelo Evangelho do Bom Pastor que a cada ano se lê. O trecho de hoje reproduz estas palavras de Jesus: "As minhas ovelhas escutam a minha voz e eu as conheço e elas me seguem. Eu lhes dou a vida eterna e jamais se perderão e ninguém as arrebata da minha mão. O meu Pai, que as deu a mim, é maior de todos, e ninguém pode arrebatá-las da mão do meu Pai. Eu e o Pai somos uma coisa só" (Jo 10,27-30). Nesses quatro versículos há toda a mensagem de Jesus, há o núcleo central do seu Evangelho: ele nos chama a participar da sua relação com o Pai, e essa é a vida eterna.

Jesus quer estabelecer com os seus amigos um relacionamento que seja o reflexo daquele que ele próprio tem com o Pai: um relacionamento de recíproca pertença na confiança total, na íntima comunhão. Para exprimir esse entendimento profundo, essa relação de amizade, Jesus usa a imagem do pastor com suas ovelhas: ele as chama e elas reconhecem a sua voz, respondem ao seu chamado e o seguem. Essa parábola é belíssima! O mistério da voz é sugestivo: pensemos que, desde o seio de nossa mãe, aprendemos a reconhecer a sua voz e a do papai; pelo tom de uma voz percebemos o amor ou o desprezo, o afeto ou a frieza. A voz de Jesus é única! Se aprendemos a distingui-la, Ele nos guia no caminho da vida, um caminho que ultrapassa o abismo da morte.

Mas a certo ponto Jesus disse, referindo-se às suas ovelhas: "Meu Pai, que as deu a mim..." (Jo 10,29). Isso é muito importante, é um mistério profundo, não fácil de compreender: se eu me sinto atraído por Jesus, se a sua voz aquece o meu coração, é graças a Deus Pai, que pôs dentro de mim o desejo do amor, da verdade, da vida, da beleza... e Jesus é tudo isso em plenitude! Isso nos ajuda a compreender o mistério da vocação, especialmente dos chamados a uma consagração especial. Às vezes Jesus nos chama, nos convida a segui-lo, mas talvez aconteça de não tomarmos consciência de que é Ele, exatamente como aconteceu com o jovem Samuel. Há muitos jovens hoje aqui na Praça. Vós sois muitos, não? Vê-se... Eis! Sois muitos jovens hoje aqui na Praça. Gostaria de perguntar-vos: Alguma vez ouvistes a voz do Senhor que, mediante um desejo, uma inquietação, vos convidava a segui-lo mais de perto? Ouvistes? Não ouço? Eis... Tivestes vontade de ser apóstolos de Jesus? É preciso apostar a juventude pelos grandes ideais. Vós pensais isso? Estais de acordo? Pergunta a Jesus o que quer de ti e sê corajoso! Sê corajosa! Pergunta-lhe! Por trás e antes de toda vocação ao sacerdócio ou à vida consagrada há sempre a oração forte e intensa de alguém: de uma avó, de um avô, de uma mãe, de um pai, de uma comunidade... Eis por que Jesus disse: "Rogai ao Senhor da messe – isto é, Deus Pai – para que envie operários à sua messe!" (Mt 9,38). As vocações nascem na oração e da oração; e somente na oração podem perseverar e dar frutos. Gosto de sublinhá-lo hoje, que é a "Jornada mundial de oração pelas vocações". Rezemos especialmente pelos novos Sacerdotes da Diocese de Roma, que tive a alegria de ordenar nesta manhã. E invoquemos a intercessão de Maria. Hoje havia dez jovens que disseram "sim" a Jesus e foram ordenados padres nesta manhã... Isto é belo! Invoquemos a intercessão de Maria, que é a Mulher do "sim". Maria disse "sim" a vida toda! Ela aprendeu a reconhecer a voz de Jesus desde o momento que o carregava no seio. Maria, nossa Mãe, nos ajude a conhecer sempre melhor a voz de Jesus e a segui-la, a fim de caminharmos na estrada da vida! Obrigado.

Muito obrigado pela saudação, mas saudai também Jesus. Gritai "Jesus" bem alto... Rezemos todos juntos a Nossa Senhora.

Regina coeli, IV Domingo da Páscoa,
21 de abril de 2013, Praça São Pedro

O FIM DOS TEMPOS

Caros irmãos e irmãs, bom dia!

No *Creio* professamos que Jesus "de novo virá na glória para julgar os vivos e os mortos". A história humana começa com a criação do homem e da mulher à imagem e semelhança de Deus, e se encerra com o juízo final de Cristo. Frequentemente se esquecem esses dois polos da história, e sobretudo a fé na volta de Cristo e no juízo final às vezes não é tão clara e firme no coração dos cristãos. Durante a vida pública, Jesus se deteve frequentemente na realidade da sua última vinda. Hoje desejo refletir sobre três textos evangélicos que nos ajudam a entrar nesse mistério: o das dez moças, o dos talentos e o do juízo final. Os três pertencem ao discurso de Jesus sobre o final dos tempos no Evangelho de são Mateus.

Em primeiro lugar, recordemos que, com a Ascensão, o Filho de Deus levou para junto do Pai a nossa humanidade por Ele assumida e quis atrair todos a si, chamar o mundo inteiro a ser acolhido entre os braços abertos de Deus, para que, no fim da história, toda a realidade seja entregue ao Pai. Porém, há esse "tempo imediato" entre a primeira vinda de Cristo e a última, que é justamente o tempo que estamos vivendo. Nesse contexto do "tempo imediato" se situa a parábola das dez moças (cf. Mt 25,1-13). Trata-se de dez jovens que esperam a chegada do Esposo, porém ele se atrasa e elas adormecem. Ao anúncio improviso de que o Esposo está chegando, todas se preparam para acolhê--lo, mas enquanto cinco delas, sábias, têm azeite para alimentar as próprias lamparinas, as outras, insensatas, ficam com as lamparinas apagadas porque não têm; e enquanto vão à procura, o Esposo chega e as moças insensatas encontram fechada a porta que introduz à festa nupcial. Batem com insistência, porém é tarde demais, o Esposo responde: "Não vos conheço". O Esposo é o Senhor, e o tempo de espera da sua chegada é o tempo que Ele nos concede, a todos nós, com misericórdia e paciência, antes da sua vinda final; é tempo de vigilância; tempo no qual devemos manter acesas as lamparinas da fé, da esperança e da caridade, no qual ter aberto o coração para o bem, para a beleza e a verdade; tempo para viver segundo Deus, pois não conhecemos nem o dia, nem a hora do regresso de Cristo. Aquilo que nos é pedido é que estejamos preparados para o encontro – preparados para um encontro, para um belo encontro, o encontro com Jesus –, que significa saber ver os sinais da sua presença, manter viva a nossa fé, com a oração, com os Sacramentos, ser vigilantes para não adormecer, para não nos esquecermos de Deus. A vida dos cristãos adormecidos é vida triste, não é vida feliz. O cristão deve ser feliz, a alegria de Jesus. Não durmamos!

A segunda parábola, a dos talentos, nos leva a refletir sobre a relação entre como empregamos os dons recebidos de Deus e o seu regresso, no qual nos pedirá as contas de como os utilizamos (Mt 25,14-30). Conhecemos bem a parábola: antes de partir, o patrão entrega a cada servo alguns talentos, para que sejam utilizados bem durante a sua ausência. Ao primeiro entrega cinco, ao segundo dois e ao terceiro um. No período de ausência, os primeiros dois servos multiplicam seus talentos – são moedas antigas –, ao passo que o terceiro prefere enterrar o próprio e devolvê-lo intacto ao patrão. No seu regresso, o patrão julga aquilo que eles fizeram: louva os dois primeiros, ao passo que o terceiro é lançado fora, nas trevas, porque por medo manteve escondido o talento, fechando-se em si mesmo. Um cristão que se fecha em si mesmo, que esconde tudo aquilo que o Senhor lhe deu é um cristão... não é cristão! É um cristão que não agradece a Deus tudo aquilo que lhe deu! Isso nos diz que a espera do regresso do Senhor é o tempo da ação – nós estamos no tempo da ação –, o tempo no qual fazer frutificar os dons de Deus não para nós mesmos, mas para Ele, pela Igreja, pelos outros; o tempo no qual sempre procurar fazer crescer no mundo o bem. E especialmente neste tempo de crise, hoje, é importante não fechar-se em si mesmo, enterrando o próprio talento, as próprias riquezas espirituais, intelectuais, materiais, tudo aquilo que o Senhor nos deu, mas abrir-se, ser solidário, estar atento ao outro. Vi que há muitos jovens na Praça: isso é verdade? Há muitos jovens? Onde estão? A vós, que estais no início do caminho da vida, pergunto: Pensastes nos talentos que Deus vos deu? Pensastes como podeis colocá-los a serviço dos outros? Não enterreis os talentos! Apostai em ideais grandes, aqueles ideais que dilatam o coração, aqueles ideais de serviço que tornarão fecundos os vossos talentos. A vida não nos é dada para que a conservemos ciumentamente para nós mesmos, mas nos é dada para que a doemos. Caros jovens, tende ânimo grande! Não tenhais medo de sonhar coisas grandes!

 Finalmente, uma palavra a respeito do trecho do juízo final, onde é descrita a segunda vinda do Senhor, quando ele julgar todos os seres humanos, vivos e mortos (cf. Mt 25,31-46). A imagem utilizada pelo evangelista é a do pastor que separa as ovelhas dos cabritos. À direita são colocados aqueles que agiram segundo a vontade de Deus, socorrendo o próximo faminto, sedento, estrangeiro, nu, doente, preso – eu disse "estrangeiro": penso em muitos estrangeiros que estão aqui na Diocese de Roma: o que fazemos por eles? –, ao passo que à esquerda vão aqueles que não socorreram o próximo. Isso nos diz que nós seremos julgados por Deus sobre a caridade, sobre como o tivermos amado nos nossos irmãos, especialmente os mais fracos e necessitados. Claro, devemos ter sempre bem presente que nós somos justificados, somos salvos por graça, por um ato de amor gratuito de Deus que sempre nos precede; sozinhos não podemos fazer nada. A fé é em primeiro lugar um dom que nós recebemos, mas para dar frutos; a graça de Deus requer sempre a nossa abertura a Ele, a nossa resposta livre e concreta. Cristo vem trazer-nos a misericórdia de Deus que salva. A nós é pedido que nos confiemos a Ele, que correspondamos ao dom do seu amor com uma vida boa, feita de ações animadas pela fé e pelo amor.

Caros irmãos e irmãs, olhar para o juízo final jamais nos cause medo; nos impulsione, pelo contrário, a viver melhor o presente. Deus nos oferece com misericórdia e paciência este tempo para que aprendamos cada dia a reconhecê-lo nos pobres e pequenos, nos empenhemos para o bem e sejamos vigilantes na oração e no amor. O Senhor, no fim da nossa existência e da história, possa reconhecer-nos como servos bons e fiéis. Obrigado.

Audiência geral, 24 de abril de 2013, Praça São Pedro

VIVER E CAMINHAR SEMPRE SEGUNDO O ESPÍRITO SANTO

Antes de encerrar esta celebração, desejo confiar a Nossa Senhora os crismados e todos vós. A Virgem Maria nos ensina o que significa viver no Espírito Santo e o que significa acolher a novidade de Deus na nossa vida. Ela concebeu Jesus por obra do Espírito, e cada cristão, cada um de nós, é chamado a acolher a Palavra de Deus, a acolher Jesus dentro de si e depois levá-lo a todos. Maria invocou o Espírito com os Apóstolos no cenáculo: também nós, sempre que nos reunimos em oração, somos sustentados pela presença espiritual da Mãe de Jesus, para receber o dom do Espírito e ter a força de testemunhar Jesus ressuscitado. Isto o digo de modo especial a vós, que hoje recebestes a Crisma: Maria vos ajude a estar atentos àquilo que o Senhor vos pede, e a viver e caminhar sempre segundo o Espírito Santo!

Desejo estender a minha saudação afetuosa a todos os peregrinos presentes, vindos de muitos países. Saúdo particularmente os jovens que se preparam para a Crisma, o numeroso grupo guiado pelas Irmãs da Caridade, os fiéis de algumas paróquias polonesas e os de Bisignano, como também a *Katholische akademische Verbindung Capitolina*.

Neste momento, momento especial, desejo elevar uma oração pelas numerosas vítimas causadas pelo trágico desabamento de uma fábrica em Bangladesh.

Expresso minha solidariedade e profunda proximidade às famílias que choram seus caros e dirijo do fundo do coração um forte apelo para que seja sempre tutelada a dignidade e a segurança do trabalhador.

Agora, na luz pascal, fruto do Espírito, nos dirigimos juntos à Mãe do Senhor.

Regina coeli, V Domingo da Páscoa,
28 de abril de 2013, Praça São Pedro

SÃO JOSÉ OPERÁRIO E O INÍCIO DO MÊS MARIANO

Caros irmãos e irmãs, bom dia!
Hoje, primeiro de maio, celebramos são José operário e iniciamos o mês tradicionalmente dedicado a Nossa Senhora. Neste nosso encontro, desejo deter-me então nestas duas figuras tão importantes na vida de Jesus, da Igreja e da nossa vida, com dois breves pensamentos: o primeiro sobre o trabalho, o segundo sobre a contemplação de Jesus.

1. No Evangelho de são Mateus, num dos momentos em que Jesus regressa à sua terra, Nazaré, e fala na sinagoga, salienta-se o estupor dos seus conterrâneos por sua sabedoria, e a pergunta que fazem: "Não é este o filho do carpinteiro?" (13,15). Jesus entra em nossa história, vem para o meio de nós, nascendo de Maria por obra de Deus, mas com a presença de são José, o pai legal que o custodia e lhe ensina também o seu trabalho. Jesus nasce e vive numa família, na sagrada Família, aprendendo de são José o ofício de carpinteiro, na carpintaria de Nazaré, partilhando com ele o empenho, a fadiga, a satisfação e também as dificuldades de cada dia.

Isso nos remete à dignidade e à importância do trabalho. O livro do Gênesis narra que Deus criou o homem e a mulher, confiando-lhes a tarefa de preencher a terra e submetê-la, que não significa explorá-la, mas cultivá-la e custodiá-la, cuidar dela com o próprio trabalho (cf. Gn 1,28; 2,15). O trabalho faz parte do plano de amor de Deus; nós somos chamados a cultivar e custodiar todos os bens da criação, e desse modo participamos na obra da criação! O trabalho é elemento fundamental para a dignidade de uma pessoa. O trabalho, para usar uma imagem, nos "unge" de dignidade, nos preenche de dignidade; torna-nos semelhantes a Deus, que trabalhou e trabalha, age sempre (cf. Jo 5,17); confere a capacidade de manter-se, a própria família, de contribuir para o crescimento da própria Nação. E aqui penso nas dificuldades que, em vários países, encontra hoje o mundo do trabalho e do empreendimento; penso em quantos, e não somente jovens, estão desempregados, muitas vezes devido a uma concepção economicista da sociedade, que busca o lucro egoísta, fora dos parâmetros da justiça social.

Desejo dirigir a todos o convite à solidariedade, e aos responsáveis pelo bem público o encorajamento a envidar qualquer esforço para dar novo impulso ao emprego; isso significa preocupar-se com a dignidade da pessoa; mas sobretudo desejo dizer que não se perca a esperança; também são José teve momentos de dificuldade, mas jamais perdeu a confiança e soube superá-los, na certeza de que Deus não nos abandona. E também desejo dirigir-me a vós, rapazes e moças, a vós jovens: empenhai-vos no vosso dever cotidiano, no estudo, no trabalho, nos relacionamentos de amizade, na ajuda dos outros; o vosso futuro depende também de como sabeis viver esses preciosos anos da vida. Não tenhais medo do compromisso e não olheis para o futuro com medo; conservai viva a esperança: há sempre uma luz no horizonte.

Acrescento uma palavra a respeito de outra especial situação de trabalho que me preocupa: estou me referindo àquele que poderíamos definir como o "trabalho escravo", o trabalho que escraviza. Quantas pessoas, em todo o mundo, são vítimas dessa espécie de escravidão, onde é a pessoa que serve ao trabalho, ao passo que deve ser o trabalho a oferecer um serviço às pessoas, para que tenham dignidade. Peço aos irmãos e irmãs na fé e a todos os homens e mulheres de boa vontade uma decidida opção contra o tráfico das pessoas, dentro do qual figura o "trabalho escravo".

2. Aceno ao segundo pensamento: no silêncio do agir cotidiano, são José, junto com Maria têm um único centro comum de atenção: Jesus. Eles acompanham e custodiam, com empenho e ternura, o crescimento do Filho de Deus feito homem por nós, refletindo sobre tudo aquilo que acontecia. Nos Evangelhos, são Lucas sublinha duas vezes a postura de Maria, que é também a de são José: "Conservava todas essas coisas, meditando-as em seu coração" (2,19.51). Para escutar o Senhor, é preciso aprender a contemplá-lo, a perceber sua presença constante em nossa vida; é preciso deter-se a dialogar com Ele, dar-lhe espaço com a oração. Cada um de nós, também vós, jovens, moças e rapazes, tão numerosos esta manhã, deveria perguntar-se: Que espaço dou ao Senhor? Paro a fim de dialogar com Ele? Desde quando éramos crianças, nossos pais nos acostumaram a começar e a concluir a jornada com uma oração, para educar-nos a sentir que a amizade e o amor de Deus nos acompanham. Recordemo-nos mais do Senhor em nossas jornadas!

E neste mês de maio, desejo alertar para a importância e a beleza da oração do santo Rosário. Recitando a

Ave-Maria somos conduzidos a contemplar os mistérios de Jesus, isto é, a refletir nos momentos centrais de sua vida, para que, como para Maria e para são José, Ele seja o centro dos nossos pensamentos, das nossas atenções e das nossas ações. Seria belo se, sobretudo neste mês de maio, se recitasse juntos, em família, com os amigos, na Paróquia, o santo Rosário ou alguma oração a Jesus e à Virgem Maria! A oração feita juntos é momento precioso para tornar ainda mais firme a vida familiar, a amizade! Aprendamos a rezar mais em família e como família!

Caros irmãos e irmãs, peçamos a são José e à Virgem Maria que nos ensinem a ser fiéis aos nossos compromissos cotidianos, a viver a nossa fé nas ações de cada dia e a dar mais espaço ao Senhor em nossa vida, a deter-nos para contemplar o seu rosto. Obrigado.

Audiência geral, 1º de maio de 2013, Praça São Pedro

MARIA, PEREGRINA DA FÉ

Caros irmãos e irmãs, bom dia!

Neste momento de profunda comunhão em Cristo, sentimos viva em nosso meio também a presença espiritual da Virgem Maria. Uma presença materna, familiar, especialmente para vós que sois parte das Confrarias. O amor por Nossa Senhora é uma das características da piedade popular, que pede para ser valorizada e bem orientada. Por isso, vos convido a meditar o último capítulo da Constituição do Concílio Vaticano II sobre a Igreja, a *Lumen Gentium*, que fala justamente de Maria no mistério de Cristo e da Igreja. Aí se diz que Maria "avançou na peregrinação da fé" (n. 58). Caros amigos, no *Ano da fé* vos deixo este ícone de Maria peregrina, que segue o Filho Jesus e precede a todos nós no caminho da fé.

Hoje as Igrejas do Oriente que seguem o Calendário Juliano celebram a festa da Páscoa. Desejo enviar a esses irmãos e irmãs uma saudação especial, unindo-me de todo o coração a eles na proclamação do alegre anúncio: Cristo ressuscitou! Reunidos em oração em torno de Maria, invoquemos de Deus o dom do Espírito Santo, o Paráclito, a fim de que console e conforte todos os cristãos, especialmente quando celebram a Páscoa em meio a provações e sofrimentos, e os guie no caminho da reconciliação e da paz.

Ontem no Brasil foi proclamada beata Francisca de Paula de Jesus, apelidada "Nhá Chica". Sua vida simples foi totalmente dedicada a Deus e à caridade, a ponto de ser chamada "mãe dos pobres". Eu me associo à Igreja no Brasil por essa luminosa discípula do Senhor.

Saúdo com afeto todas as Confrarias presentes, vindas de muitos países. Obrigado por vosso testemunho de fé! Saúdo também os grupos paroquiais e as famílias, bem como o grande desfile de várias bandas musicais e associações dos *Schützen* vindos da Alemanha.

Uma saudação especial se destina hoje à Associação "*Meter*", na Jornada das crianças vítimas da violência. Isto me dá a oportunidade de dirigir o meu pensamento a todos aqueles que sofreram e sofrem por causa de abusos. Desejo garantir-lhes que estão presentes na minha oração, mas desejo também dizer com força que todos devemos empenhar-nos com clareza e coragem para que toda pessoa humana, especialmente as crianças, que se encontram entre as categorias mais vulneráveis, seja sempre defendida e protegida.

Encorajo também os doentes de hipertensão pulmonar e seus familiares.

Bom domingo e bom almoço!

Regina coeli, VI Domingo da Páscoa,
5 de maio de 2013, Praça São Pedro

O ESPÍRITO SANTO, FONTE INESGOTÁVEL DE VIDA

Caros irmãos e irmãs, bom dia!

O tempo pascal que com alegria estamos vivendo, guiados pela liturgia da Igreja, é por excelência o tempo do Espírito Santo entregue "sem medida" (Jo 3,34) por Jesus crucificado e ressuscitado. Este tempo de graça se encerra com a festa de Pentecostes, quando a Igreja revive a efusão do Espírito sobre Maria e os Apóstolos reunidos em oração no Cenáculo.

Mas quem é o Espírito Santo? No *Creio* nós professamos com fé: "Creio no Espírito Santo, Senhor que dá a vida". A primeira verdade à qual aderimos no *Creio* é que o Espírito Santo é *Kýrios*, Senhor. Isso significa que Ele é verdadeiramente Deus, como o são o Pai e o Filho, objeto da parte nossa do mesmo ato de adoração e de glorificação que dirigimos ao Pai e ao Filho. O Espírito Santo, com efeito, é a terceira Pessoa da Santíssima Trindade; é o grande dom do Cristo Ressuscitado que abre a nossa mente e o nosso coração para a fé em Jesus como o Filho enviado pelo Pai e que nos guia à amizade, à comunhão com Deus.

Porém, desejo deter-me sobretudo no fato de que *o Espírito Santo é a fonte inesgotável da vida de Deus em nós*. O homem de todos os tempos e de todos os lugares deseja uma vida plena e bela, justa e boa, uma vida que não seja ameaçada pela morte, mas que possa amadurecer e crescer até a sua plenitude. O homem é como um caminheiro que, atravessando os desertos da vida, tem sede de água viva, borbulhante e fresca, capaz de matar a sede em profundidade do seu desejo profundo de luz, de amor, de beleza e de paz. Todos nós sentimos esse desejo! E Jesus nos dá essa água viva: ela é o Espírito Santo, que procede do Pai e que Jesus derrama nos nossos corações. "Eu vim para que tenham a vida e a tenham em abundância", nos diz Jesus (Jo 10,10).

Jesus promete à Samaritana dar uma "água viva", com superabundância e para sempre, para todos aqueles que o reconhecem como o Filho enviado pelo Pai para nos salvar (cf. Jo 4,5-26; 3,17). Jesus veio dar-nos essa "água viva" que é o Espírito Santo, para que a nossa vida seja guiada por Deus, seja animada por Deus, seja nutrida por Deus. Quando nós dizemos que o cristão é um homem espiritual, entendemos exatamente isto: o cristão é uma pessoa que pensa e age segundo Deus, segundo o Espírito Santo. Porém, eu me faço uma pergunta: e nós, pensamos segundo Deus? Agimos segundo Deus? Ou nos deixamos guiar por muitas outras coisas que não são propriamente Deus? Cada um de nós deve responder a isso na profundidade do seu coração.

A este ponto podemos perguntar-nos: Por que essa água pode matar nossa sede em profundidade? Nós sabemos que a água é essencial para a vida; sem água se morre; ela mata a sede, lava, torna a terra fecunda. Na Carta aos Romanos encontramos esta expressão: "O amor de Deus foi derramado nos nossos corações por meio do Espírito Santo que nos foi dado" (5,5). A "água viva", o Espírito Santo, Dom do Ressuscitado que vem habitar em nós, nos purifica, nos ilumina, nos renova, nos transforma, porque nos torna participantes da própria vida de Deus que é Amor. Por isso, o Apóstolo Paulo afirma que a vida do cristão é animada pelo Espírito e por seus frutos, que são "amor, alegria, paz, magnanimidade, benevolência, bondade, fidelidade, mansidão, domínio de si" (Gl 5,22-23). *O Espírito Santo nos introduz na vida divina como "filhos no Filho Unigênito"*. Em outra passagem da Carta aos Romanos, que recordamos várias vezes, são Paulo o sintetiza com estas palavras: "Todos aqueles que são guiados pelo Espírito de Deus, estes são filhos de Deus. E vós... recebestes o Espírito que vos torna filhos adotivos, mediante o qual clamamos 'Abbá! Pai!' O próprio Espírito, junto com nosso espírito, atesta que somos filhos de Deus. E se somos filhos, somos também herdeiros: herdeiros de Deus, coerdeiros de Cristo, se de fato participamos dos seus sofrimentos a fim de participar também da sua glória" (8,14-17). Este é o dom precioso que o Espírito Santo coloca em nossos corações: a própria vida de Deus, vida de verdadeiros filhos, uma relação de confiabilidade, de liberdade e de confiança no amor e na misericórdia de Deus, que tem como efeito também um olhar novo para os outros, próximos ou distantes, vistos sempre como irmãos e irmãs em Jesus a serem respeitados e amados. O Espírito Santo nos ensina a olhar com os olhos de Cristo, viver a vida como Cristo a viveu, compreender a vida como Cristo a compreendeu. Eis por que a água viva que é o Espírito Santo dessedenta a nossa vida: porque nos diz que somos amados por Deus como filhos, que podemos amar a Deus como seus filhos e que, com a sua graça, podemos viver como filhos de Deus, como Jesus.

E nós, escutamos o Espírito Santo? O que nos diz o Espírito Santo? Diz Deus te ama. Diz-nos isso. Deus te ama, Deus te quer bem. Nós amamos verdadeiramente a Deus e aos outros, como Jesus? Deixemo-nos guiar pelo Espírito Santo, deixemos que Ele nos fale ao coração e nos diga isto: Que Deus é amor, que Deus nos espera, que Deus é o Pai, nos ama como verdadeiro Papai, nos ama verdadeiramente, e isso é somente o Espírito Santo quem o diz ao coração. Sintamos o Espírito Santo, escutemos o Espírito Santo e vamos adiante por essa estrada do amor, da misericórdia e do perdão. Obrigado.

Audiência geral, 8 de maio de 2013, Praça São Pedro

CONFIEMOS NA PROXIMIDADE DE DEUS QUE NUNCA ABANDONA

Caros irmãos e irmãs, bom dia!

No encerramento desta celebração, desejo saudar todos vós que viestes prestar homenagem aos novos Santos, de modo especial as Delegações oficiais da Itália, da Colômbia e do México. Os mártires de Otranto ajudem o querido povo italiano a olhar o futuro com esperança, confiando na proximidade de Deus que nunca abandona, também nos momentos difíceis.

Por intercessão de madre Laura Montoya, o Senhor conceda novo impulso missionário e evangelizador à Igreja, e, inspirados pelo exemplo de concórdia e reconciliação desta nova Santa, os amados filhos da Colômbia continuem trabalhando pela paz e pelo justo desenvolvimento de sua Pátria. Nas mãos de Santa Guadalupe García Zavala colocamos todos os pobres, os doentes e todos aqueles que os assistem, e encomendamos a sua intercessão a nobre Nação mexicana, para que, desenraizadas toda violência e insegurança, avance cada vez mais pelo caminho da solidariedade e da convivência fraterna.

Além disso, sinto-me feliz em recordar que ontem, em Roma, foi proclamado beato o sacerdote Luigi Novarese, fundador do Centro Voluntários do Sofrimento e dos Silenciosos Operários da Cruz. Uno-me à ação de graças por esse padre exemplar, que soube renovar a pastoral dos doentes, tornando-os sujeitos ativos na Igreja.

Saúdo os participantes da "Marcha para a vida" ocorrida nesta manhã em Roma e convido a manter viva a atenção de todos sobre tema tão importante do respeito pela vida humana desde o momento da sua concepção. A esse respeito, gosto de recordar também a coleta de assinaturas que acontece hoje em muitas paróquias italianas, com o objetivo de sustentar a iniciativa europeia "Uno di noi", para garantir proteção jurídica ao embrião, tutelando todo ser humano desde o primeiro instante de sua existência. Um momento especial para aqueles que amam a defesa da sacralidade da vida humana será a "Jornada do *Evangelium Vitae*", que acontecerá aqui no Vaticano, no contexto do *Ano da fé*, nos dias 15 e 16 do próximo mês de junho.

Saúdo com afeto todos os grupos paroquiais, as famílias, as escolas, os jovens presentes. Com amor filial dirigimo-nos agora à Virgem Maria, mãe e modelo de todos os cristãos.

Regina coeli, VII Domingo da Páscoa,
12 de maio de 2013, Praça São Pedro

O ESPÍRITO DE VERDADE

Caros irmãos e irmãs, bom dia!
Hoje desejo deter-me na ação que o Espírito Santo realiza na condução da Igreja e cada um de nós à Verdade. O próprio Jesus diz aos discípulos: o Espírito Santo "vos guiará à Verdade inteira" (Jo 16,13), sendo Ele mesmo "o Espírito de Verdade" (cf. Jo 14,17; 15,16; 16,13). Vivemos numa época na qual somos preferencialmente céticos em relação à verdade. Bento XVI falou muitas vezes de relativismo, isto é, da tendência a considerar que não existe nada definitivo, e a pensar que a verdade seja dada pelo consenso ou por aquilo que nós quisermos. Surge a pergunta: Existe verdadeiramente "a" Verdade? O que é "a" Verdade? Podemos conhecê--la? Podemos encontrá-la? Aqui vem-me à mente a pergunta do Procurador romano Pôncio Pilatos quando Jesus lhe revela o sentido profundo da sua missão: "O que é a Verdade?" (Jo 18,37.38). Pilatos não consegue compreender que "a" Verdade está diante dele, não consegue ver em Jesus o rosto da verdade, que é o rosto de Deus. No entanto, Jesus é justamente isto: a Verdade, que, na plenitude dos tempos, "fez-se carne" (Jo 1,1.14), veio no meio de nós para que a conhecêssemos. A Verdade não pode ser agarrada como um objeto, a

Verdade se encontra. Não é uma posse, é um encontro com uma Pessoa.

Mas quem nos faz reconhecer que Jesus é "a" Palavra de verdade, o Filho unigênito de Deus Pai? São Paulo ensina que "ninguém pode dizer: 'Jesus é Senhor!' senão sob a ação do Espírito Santo" (1Cor 12,3). É justamente o Espírito Santo, o dom de Cristo Ressuscitado, que nos faz reconhecer a Verdade. Jesus o define o "Paráclito", isto é, "aquele que vem em nosso socorro", que está ao nosso lado para sustentar-nos nesta caminhada de conhecimento; e, durante a Última Ceia, Jesus garante aos discípulos que o Espírito Santo ensinará todas as coisas, recordando-lhes as suas palavras (cf. Jo 14,26).

Então, qual é a ação do Espírito Santo em nossa vida e na vida da Igreja para guiar-nos à verdade? Em primeiro lugar, recorda e imprime nos corações dos crentes as palavras que Jesus disse, e, justamente mediante tais palavras, a lei de Deus – como haviam anunciado os profetas do Antigo Testamento – é inscrita no nosso coração e se torna em nós princípio de avaliação nas opções e de guia nas ações cotidianas, se torna princípio de vida. Realiza-se a grande profecia de Ezequiel: "Purificar-vos-ei de todas as vossas impurezas e de todos os vossos ídolos, dar-vos-ei um coração novo, porei dentro de vós um espírito novo... Colocarei o meu espírito dentro de vós e vos farei viver segundo as minhas leis e vos farei observar e pôr em prática as minhas normas" (36,25-27). Com efeito, é do nosso próprio íntimo que nascem as nossas ações: é justamente o coração que deve converter-se a Deus, e o Espírito Santo o transforma se nós nos abrirmos a Ele.

Além disso, como promete Jesus, o Espírito Santo nos guia "à Verdade inteira" (Jo, 16,13); guia-nos não só ao encontro com Jesus, plenitude da Verdade, mas nos guia também "dentro" da Verdade, isto é, faz-nos entrar numa comunhão sempre mais profunda com Jesus, dando-nos a inteligência das coisas de Deus. E esta não podemos alcançar com nossas forças. Se Deus não nos ilumina interiormente, o nosso ser cristãos será superficial. A Tradição da Igreja afirma que o Espírito de Verdade age no nosso coração suscitando aquele "sentido da fé" (*sensus fidei*) mediante o qual, como afirma o Concílio Vaticano II, o Povo de Deus, sob a guia do Magistério, adere indefectivelmente à fé transmitida, aprofunda-a com o reto juízo e aplica-a mais plenamente na vida (cf. Const. Dogm. *Lumen Gentium*, 12). Tentemos perguntar-nos: Sou aberto à ação do Espírito Santo, invoco-o para que me conceda luz, me torne mais sensível às coisas de Deus? Esta é uma oração que devemos fazer todos os dias: "Espírito Santo, fazei que meu coração esteja aberto à Palavra de Deus, que meu coração esteja aberto ao bem, que meu coração esteja aberto à beleza de Deus todos os dias". Gostaria de fazer a todos uma pergunta: Quantos dentre vós rezam todos os dias ao Espírito Santo? Serão poucos, porém devemos satisfazer esse desejo de Jesus e todos os dias rezar ao Espírito Santo, para que nos abra o coração para Jesus.

Pensemos em Maria, que "conservava todas estas coisas, meditando-as no seu coração" (Lc 2,19.51). A acolhida das palavras e das verdades da fé para que se tornem vida se realiza e cresce sob a ação do Espírito Santo. Nesse sentido, é preciso aprender de Maria, reviver o seu "sim", a sua disponibilidade total em receber o Filho de Deus na sua vida, que a partir daquele momento é transformada. Mediante o Espírito Santo o Pai e o Filho vêm habitar em nós: nós vivemos em Deus e de Deus. Mas a nossa vida é verdadeiramente animada por Deus? Quantas coisas coloco antes de Deus?

Caros irmãos e irmãs, precisamos deixar-nos inundar pela luz do Espírito Santo, para que Ele nos introduza na Verdade de Deus, que é o único Senhor da nossa vida. Neste *Ano da fé,* perguntemo-nos se concretamente demos algum passo para conhecer mais Cristo e as verdades da fé, lendo e meditando a Sagrada Escritura, estudando o Catecismo, aproximando-nos com constância dos Sacramentos. Mas perguntemo-nos ao mesmo tempo quais passos estamos dando para que a fé oriente nossa inteira existência. Não somos cristãos "por determinado tempo", somente em alguns momentos, em algumas circunstâncias, em algumas opções. Não é possível ser cristãos assim; somos cristãos em todos os momentos! Totalmente! A verdade de Cristo, que o Espírito Santo nos ensina e nos dá, interessa para sempre e totalmente à nossa vida cotidiana. Invoquemo--lo mais frequentemente, para que nos guie no caminho dos discípulos de Cristo. Invoquemo-lo todos os dias. Faço-vos esta proposta: invoquemos todos os dias o Espírito Santo, assim o Espírito Santo nos aproximará de Jesus Cristo.

Audiência geral, 15 de maio de 2013, Praça São Pedro

EXPERIMENTAMOS A BELEZA DA UNIDADE

Caros irmãos e irmãs, bom dia!

Está prestes a terminar esta festa da fé iniciada ontem com a Vigília, culminando, esta manhã, na Eucaristia. Um renovado Pentecostes que transformou a Praça São Pedro num cenáculo a céu aberto. Vivemos a experiência da Igreja nascente, concorde em oração com Maria, a Mãe de Jesus (cf. At 1,14). Também nós, na diversidade dos carismas, experimentamos a beleza da unidade, de sermos uma só coisa. E isto é obra do Espírito Santo que sempre e novamente cria a unidade na Igreja.

Quero agradecer a todos os Movimentos, as Associações, as Comunidades, as Agregações eclesiais. Sois um dom e uma riqueza na Igreja! Isto sois vós!

Agradeço, de modo especial, a todos vós que viestes de Roma e de muitas partes do mundo.

Levai sempre a força do Evangelho! Não temais! Tende sempre alegria e a paixão pela comunhão na Igreja! O Senhor Ressuscitado esteja sempre convosco e Nossa Senhora vos proteja!

Recordamos na oração as populações da Emilia Romagna, que no dia 20 de maio do ano passado foram atingidas pelo terremoto.

Rezo também pela Federação Italiana das Associações de Voluntariado em Oncologia.
Irmãos e irmãs, muito obrigado pelo vosso amor à Igreja! Bom domingo, boa festa e bom almoço!

Regina coeli, Solenidade de Pentecostes,
19 de maio de 2013, Praça São Pedro

SUMÁRIO

A Semana Santa, tempo de graça do Senhor 5
Instrumentos da graça de Cristo 11
As mulheres, primeiras testemunhas
da Ressurreição 13
Cristo, misericórdia encarnada 19
Cristo Ressuscitado: a esperança
que não decepciona 23
Sintamos a presença viva e confortante
de Jesus Ressuscitado 27
Subiu ao céu, está sentado à direita do Pai 31
Eu e o Pai somos uma só coisa............ 35
O fim dos tempos 39
Viver e caminhar sempre
segundo o Espírito Santo 43
São José operário e o início do mês mariano...... 45
Maria, peregrina da fé 49
O Espírito Santo, fonte inesgotável de vida 51
Confiemos na proximidade de Deus
que nunca abandona.................. 55
O Espírito de Verdade 57
Experimentamos a beleza da unidade............ 61